Stufen der Testdurchführung in der Softwareentwicklung. Modultest, Integrationstest, Systemtest und Abnahmetest

Marcel Köpfer

GRIN ☺

Bibliografische Information der Deutschen Nationalbibliothek:

Die Deutsche Nationalbibliothek verzeichnet diese Publikation in der Deutschen Nationalbibliografie; detaillierte bibliografische Daten sind im Internet über http://dnb.d-nb.de abrufbar.

ISBN: 9783346359315
Dieses Buch ist auch als E-Book erhältlich.

© GRIN Publishing GmbH
Nymphenburger Straße 86
80636 München

Druck und Bindung: Books on Demand GmbH, Norderstedt Germany
Gedruckt auf säurefreiem Papier aus verantwortungsvollen Quellen

Das vorliegende Werk wurde sorgfältig erarbeitet. Dennoch übernehmen Autoren und Verlag für die Richtigkeit von Angaben, Hinweisen, Links und Ratschlägen sowie eventuelle Druckfehler keine Haftung.

Das Buch bei GRIN: https://www.grin.com/document/993080

ASSIGNMENT - AKAD

Testen

Stufen der Testdurchführung

Grundlagen objektorientierte Softwareentwicklung – SWE 24

2020

Marcel Köpfer

Inhaltsverzeichnis

1 Einleitung

1.1 Begriffsbestimmung Testen

Bei einem Test handelt es sich um einen Versuch, der mittels einer durchdachten Methode eine Eignung, Eigenschaft oder Leistung einer Person oder Sache überprüft.[1] Bezogen auf die Softwareentwicklung sind Tests heute ein notwendiger und anerkannter Bestandteil. Dabei geht es unter anderem darum, durch eine Überprüfung unerwünschtes Fehlverhalten zu finden. Damit ein Fehler durch einen Test der Software gefunden werden kann, ist es notwendig, vor dem Test ein bestimmtes Soll-Verhalten zu definieren. Durch Testen wird der jeweilige Ist-Zustand festgestellt. Kommt es zu einer Diskrepanz zwischen dem vorher beschriebenen Soll-Zustand und dem erkannten Ist-Zustand, wird diese Abweichung als Fehlverhalten aufgedeckt. In der Softwareentwicklung ist das Testen heute ein wichtiger Aspekt der Qualitätssicherung und in allen anerkannten Vorgehensmodellen enthalten.[2]

1.2 Notwendigkeit und Ziele des Testens

Heutzutage ist Software absolut omnipräsent. Im Zuge der zunehmenden Digitalisierung nimmt ihre Bedeutung weiterhin ständig zu. Alleine in einem modernen Fahrzeug gibt es unzählige Anwendungen, welche mittels Software funktionieren. Ein Fehler im Programmcode zum Beispiel beim Bremsassistenten kann gravierende Folgen haben. Durch fehlerhafte Software können enorme Schäden für ein Unternehmen, die Wirtschaft oder sogar für Menschenleben entstehen.[3] *„Die Chance, folgenlos Fehler zu machen, gibt es [...] in der Softwareentwicklung nicht."*[4] Ein Käufer jedoch setzt ein fehlerfreies Funktionieren des erworbenen Produktes voraus, für ihn ist dies eine Selbstverständlichkeit. Damit eine Software möglichst fehlerfrei ist, ist Testen daher zwingend notwendig.[5] Testen ist eine aufwändige, zeitintensive und somit auch teure Tätigkeit. Dennoch ist sie auch wirtschaftlich lohnend, um Kosten durch Vertragsstrafen,

---

[1] Vgl. o. V., Duden, o. J., Internetquelle.
[2] Vgl. Wirtz, 2016, Internetquelle.
[3] Vgl. Schneider, 2012, S. 7.
[4] Spillner/Winter/Pietschker, 2018, S. 9.
[5] Vgl. Schneider, 2012, S. 7.

Schadensersatzklagen oder ähnliches zu vermeiden. Bereits mit Beginn der Softwareentwicklung müssen auch die Tests starten, denn je später ein Fehler in einer Software aufgedeckt wird, desto aufwändiger und teurer ist es, diesen zu korrigieren.[6] Wird ein Fehler gefunden, so wird dies dokumentiert und an den Entwickler gemeldet. Nach Behebung des Fehlers sind eventuell sämtliche Tests im Umfeld zu wiederholen. Mit dem Testen der Software werden unterschiedliche Ziele verfolgt. Einerseits sollen dadurch Fehler gefunden und nachgewiesen werden, andererseits dient es auch dazu, die Qualität zu bestimmen und das Vertrauen in die Software zu erhöhen. Ein weiteres Ziel beim Testen ist es, mittels Analyse der jeweiligen Software Fehlentwicklungen vorzubeugen und die Entstehung von Fehlern bereits möglichst früh zu verhindern. Außer bei wenig umfangreichen oder trivialen Programmen kann nicht mit völliger Sicherheit davon ausgegangen werden, dass sie vollständig fehlerfrei funktionieren, selbst wenn bei allen Testfällen keine Fehler mehr nachweisbar sind. Dies liegt unter anderem daran, dass zum Beispiel seltene Ausnahmesituationen nicht getestet werden können.[7] Der niederländische Informatiker Edsger W. Dijkstra beschrieb dies folgendermaßen: *„Program testing can be used to show the presence of bugs, but never to show their absence!"*[8] Vor allem bei großen Programmen ergibt sich durch eine Vielzahl von Kombinationen eine sehr große Anzahl an möglichen Testfällen. *„Ein Programm vollständig zu testen, ist also in der Praxis nicht möglich."*[9]

1.3 Das V-Modell

Das V-Modell ist ein Prinzip, das in der Softwareentwicklung häufig eingesetzt wird, um die Vorgehensweisen der einzelnen Phasen zur Qualitätssicherung zu definieren. Die Begrifflichkeit V-Modell geht dabei auf die dem Buchstaben V nahekommende Anordnung der jeweiligen Phasen zurück. Der linke Bereich des Modells beschreibt die Konzipierung sowie die Entwicklung des Systems. Mit dem rechten Bereich wird die jeweils dazugehörige Qualitätssicherungsteststufe aufgezeigt.[10]

---

[6] Vgl. Thaller, 2002, S. 18.
[7] Vgl. Spillner/Linz, 2012, S. 9 f.
[8] o. V., goodreads, o. J., Internetquelle.
[9] Spillner/Linz, 2012, S. 15.
[10] Vgl. o. V., 2020, Internetquelle.

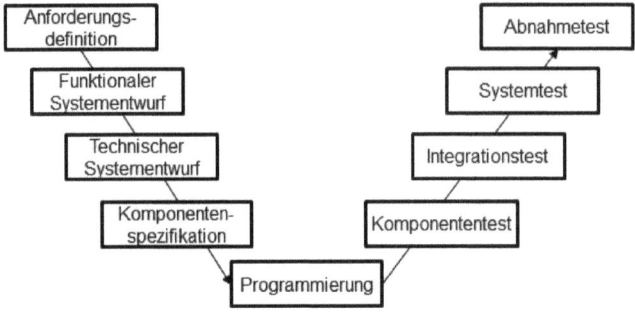

Abbildung 1: Das V-Modell
(Quelle: o.V., o.J.: V-Modell, in: Datenbanken verstehen, https://www.datenbanken-
verstehen.de/datenbankentwicklung/vorgehensmodelle/v-modell/ (Zugriff am 29.09.2020))

Die im V-Modell genannten Stufen der Testdurchführung liegen im Hauptfokus dieser Arbeit. Mit den nächsten Kapiteln werden diese genauer betrachtet.

1.4 Aufgabenstellung

Diese Arbeit thematisiert die Stufen der Testdurchführung bezogen auf die Softwareentwicklung. Zunächst wird im Kapitel 1.1 der Begriff Testen näher erläutert. Danach zeigt Kapitel 1.2 die Notwendigkeit und Ziele des Testens auf. Mit Kapitel 1.3 folgt eine kurze Darstellung des V-Modells, welche Basis der Teststufen ist. Die einzelnen Stufen der Testdurchführung - Modultest, Integrationstest, Systemtest und Abnahmetest - werden in Kapitel 2 bis 5 näher beschrieben. Dabei wird für jede Teststufe der Inhalt und seine Bedeutung separat dargestellt und jeweils durch ein selbst gewähltes Praxisszenario im Rahmen des fiktiven Unternehmens S-W-E illustriert. Gemäß Aufgabenstellung wird vorrangig der Inhalt der Tests betrachtet, nicht die angewandte Methodik. Darüber hinaus wird pro Teststufe darauf eingegangen, wie ein jeweiliges Testteam zusammengesetzt sein kann. Nach der Betrachtung der einzelnen Teststufen mit ihren genannten Unterpunkten werden die wichtigsten Ergebnisse im Kapitel 6 zusammengefasst. Abschließend wird mit Kapitel 7 ein Ausblick gegeben über einen potenziellen künftigen Wandel des Testens. Themen wie Testmethoden oder Maßnahmen zur Fehlerbehandlung sind nicht Bestandteil dieser Arbeit.

2 Modultest

2.1 Inhalt und Bedeutung

Mit der ersten Teststufe, dem Modultest, wird die kleinste Software-Einheit getestet, welche sinnvoll isoliert überprüft werden kann. Im Rahmen der objektorientierten Softwareentwicklung wird der Modultest auch Unit-Test oder Komponententest genannt.[11] Der Modultest ist die Basis, und damit die Grundvoraussetzung, für alle weiteren Teststufen. Hierbei werden einzelne Module (bzw. Komponenten) auf ihre funktionalen Eigenschaften geprüft. Die Überprüfung der einzelnen Module sollte dabei erfolgreich abgeschlossen sein, bevor im nächsten Schritt, dem Integrationstest, das Zusammenspiel von Modulen mit anderen Modulen getestet werden kann. Relevant beim Test ist, ob die technischen Vorgaben (zum Beispiel funktionale Anforderungen oder Programmierrichtlinien), sowie formale Aspekte (zum Beispiel Feldlänge oder Syntax) korrekt umgesetzt worden sind. [12]

Der Modultest zeichnet sich auch dadurch aus, dass die jeweiligen Module isoliert von anderen Softwarebausteinen getestet werden. Diese isolierte Betrachtungsweise ist dabei zwingend notwendig, damit Einflüsse von anderen Softwarebausteinen ausgeschlossen werden können. Wird nun im Rahmen der Tests ein Fehlverhalten aufgedeckt, so lässt sich der Fehler eindeutig dem entsprechenden getesteten Baustein zuordnen.[13]

2.2 Praxisszenario S-W-E

Ein Beispiel eines Modultests im fiktiven Unternehmen S-W-E ist die Prüfung der eingegebenen Bestellung auf vorhanden Bestand. Die angenommene Anforderung sieht vor, dass sich die Konfiguration aus drei Kriterien zusammensetzt: Material, Farbe und Menge. Material und Farbe sind vordefinierte Auswahlfelder, die gewünschte Menge muss durch den Kunden selbst eingegeben werden. Durch den Modultest muss nun zunächst sichergestellt werden, dass jedes der Felder einen Wert enthält, beim

---

[11] Vgl. Wirtz, 2016, Internetquelle.
[12] Vgl. o. V., Hettwer Unternehmensberatung, o. J., Internetquelle.
[13] Vgl. Spillner/Linz, 2012, S. 44 f.

Mengenfeld muss der Wert zusätzlich auf einen ganzzahligen positiven Wert geprüft werden. Sollte eine ungültige Eingabe erfolgen, ist mit einer passenden Fehlermeldung zu reagieren, ansonsten kann die Abfrage an die Datenbank erfolgen, die ein Ergebnis zurückgibt, ob die Bestellung der gewünschten Konfiguration gemäß Lagerbestand vorhanden ist.

2.3 Testteam

Beim Modultest wird sehr entwicklungsnah getestet, da die Testobjekte direkt vom Entwickler stammen.[14] Daher bietet es sich an, dass dieser selbst das Testen übernimmt. *„Der Modultest wird in der Regel vom Entwickler selbst durchgeführt."*[15] Grundsätzlich betrachtet kann dieses Vorgehen jedoch auch nachteilig sein. Eine Gefahr beim Entwicklertest ist nämlich, dass die Entwickler dem selbst programmierten Werk zu kritiklos gegenüberstehen könnten. Darüber hinaus besteht auch die Möglichkeit, dass der Entwickler die Aufgabenstellung falsch verstanden hat. Dies würde dann bei einem Entwicklertest nicht auffallen. Um diese Gefahren zu verringern, könnten zum Beispiel die Entwickler das eigene Programm von einem Entwicklerkollegen testen lassen und paarweise zusammenarbeiten, womit die Chance einer korrekten Interpretation der Aufgabenstellung erhöht wird.[16] Für das Testteam auf der Ebene des Modultests empfiehlt sich daher eine Kooperation aus dem Entwickler selbst sowie einem Entwicklerkollegen.

---

[14] Vgl. Spillner/Linz, 2012, S. 45.
[15] o. V., Hettwer Unternehmensberatung, o. J., Internetquelle.
[16] Vgl. Spillner/Linz, 2012, S. 35.

3 Integrationstest

3.1 Inhalt und Bedeutung

Nachdem die einzelnen Module im Modultest überprüft worden sind, können diese miteinander verbunden werden. Dieses Verbinden der einzelnen Module zu einem Teilsystem wird als Integration bezeichnet. Beim Integrationstest steht daher die Kommunikation beziehungsweise das Zusammenspiel der einzelnen Module miteinander im Fokus. Das Ziel des Integrationstests ist es, Fehler in den Schnittstellen und beim Zusammenspiel zwischen den integrierten Modulen zu finden.[17] Die Zusammenhänge zwischen dem Modultest (in der Grafik Komponenten-/Unit-Test genannt) und dem Integrationstest werden in der folgenden Grafik verdeutlicht:

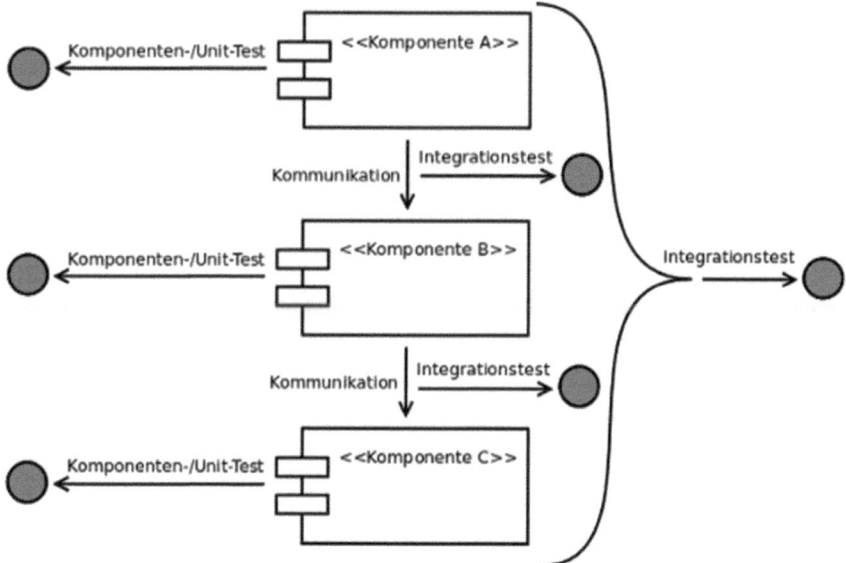

Abbildung 2: Zusammenspiel zwischen dem Komponenten-/Unit-Test und dem Integrationstest
(Quelle: Kummerländer, Manuel (2011): Integrationstests: Strategien und Herausforderungen, in: Seibert Media Weblog, https://blog.seibert-media.net/blog/2011/10/05/integrationstests-strategien-herausforderungen/ (Zugriff am 27.09.2020))

---

[17] Vgl. Spillner/Linz, 2012, S. 52 f.

Durch diese Grafik wird darüber hinaus noch eine andere Herausforderung des Integrationstests deutlich: „*Mit zunehmender Komponentenanzahl steigt die Menge an durchzuführenden Tests drastisch an.*"[18] Durch das Verbinden der Module können ganz unterschiedliche Schnittstellen entstehen wie zum Beispiel zur Hardware oder zu einem externen Softwaresystem. Eine gewisse Herausforderung beim Integrationstest liegt in den Schnittstellen zu externen Systemen. Wenn die Entwickler keinen Einfluss auf das externe System haben, so könnten dort unerwartet Veränderungen durchgeführt werden, welche dann eventuell zu einem Fehlverhalten führen. Ein bestandener Integrationstest ist daher in solchen Fällen keine Garantie für eine dauerhafte einwandfreie Funktion.[19]

3.2 Praxisszenario S-W-E

Als Modultest wurde in Kapitel 2.2 die Prüfung auf vorhandenen Bestand dargestellt. Ein weiteres Modul ist der Auftrag an die Produktion. Diese Komponenten kommunizieren miteinander, indem das Ergebnis des ersten Moduls den Ablauf des zweiten Moduls steuert. Der Integrationstest beleuchtet die Kommunikation zwischen den beiden Modulen. Im angenommenen Praxisszenario der S-W-E gibt es zwei Möglichkeiten: der Bestand ist vorhanden, dann kann der Auftrag an die Lagerverwaltung direkt erteilt werden, oder der Bestand ist nicht vorhanden, dann muss eine weitere Abfrage aufgerufen werden, die den Kunden befragt, ob er mit einer 3-Wochen-Lieferzeit einverstanden ist. Die Antwort des Kunden lässt wieder zwei Möglichkeiten zu: er ist einverstanden, dann wird die Produktion beauftragt, ansonsten darf das Modul Auftrag an die Produktion nicht angestoßen werden und der Kunde erhält ein Ablehnungsschreiben. Jede mögliche Konstellation ist durch einen Testfall abzudecken.

---

[18] Kummerländer, 2011, Internetquelle.
[19] Vgl. Spillner/Linz, 2012, S. 54.

3.3 Testteam

In der Stufe des Integrationstests ist zunächst der Entwickler des jeweiligen Moduls tätig beziehungsweise der wie in Kapitel 2.3 beschrieben zugeordnete Partner. Sind unterschiedliche Entwickler für die einzelnen Module zuständig, können weitere Entwickler in die Tests involviert sein. Jedes Modul für sich kennt seine Ein- und Ausgabeparameter und kann so beurteilen, ob die Daten korrekt und wie erwartet übergeben werden. Unter der Annahme, dass die Firma S-W-E eine eigene Softwareentwicklungsabteilung hat, hat sie direkten ständigen Kontakt zu den künftigen Anwendern im eigenen Unternehmen. Hier gibt es trainierte Testspezialisten, die nun ins Spiel kommen und prüfen, ob für die Schnittstellen alle Situationen abgedeckt sind. Sie sind prädestiniert für den Test auf Robustheit der Module gegen Fehleingaben. *„Denn eine Person, die sowohl das Geschäft des Kunden gut kennt, aber auch entschlussfreudig ist und dann noch gut mit den Entwicklern kommunizieren kann, ist in jedem Projekt willkommen [...]."*[20]

Generell betrachtet wird beim Integrationstest auch zum Beispiel die Kommunikation von Modulen zu externen Stellen überprüft. Auf dieser Teststufe setzt sich daher das Testteam zusammen aus Entwicklern und gegebenenfalls qualifizierten Anwendern sowie Ansprechpartnern für externe Module.

---

[20] Schneider, 2012, S. 194.

4 Systemtest

4.1 Inhalt und Bedeutung

Nach erfolgreichem Modul- und Integrationstest werden beim Systemtest die Anforderungen getestet, welche zum Beispiel im Pflichtenheft festgehalten worden sind. Neben den klar definierten Funktionen können hierbei auch nicht-funktionale Anforderungen wie zum Beispiel die Benutzerfreundlichkeit oder die Wartbarkeit überprüft werden.[21] Das Ziel des Systemtests ist es, das Gesamtsystem so zu testen und vorzubereiten, dass es danach an den Kunden übergeben werden kann. Deshalb wird auf dieser Teststufe das Gesamtsystem auch aus der Sicht des Kunden beziehungsweise aus der des späteren Anwenders überprüft. Das Softwaresystem wird dabei unter möglichst genau den Bedingungen getestet, unter welchen es später auch beim Kunden eingesetzt werden soll.[22]

Damit beim Systemtest die Kundenanforderungen getestet werden können, ist es notwendig, dass diese im Vorfeld auch klar und vollständig dokumentiert worden sind. Denn *„Wenn Anforderungen nicht dokumentiert sind, fehlen natürlich auch den Entwicklern klare Ziele."[23]*

4.2 Praxisszenario S-W-E

Beim Systemtest muss das vollständige Gesamtsystem getestet werden. Ein wichtiges Thema für die Firma S-W-E ist die Sicherheit. Im selbstgewählten Praxisszenario wird diese exemplarisch an zwei Stellen besonders getestet, zum einen bei der Authentifizierung des Kunden, zum anderen beim Bankeinzug. Die Bankdaten dürfen nur für den Kunden selbst sicht- und änderbar sein. Für die Nutzung der Zahlungsart Bankeinzug müssen die kompletten Bankdaten übermittelt werden. Dabei wird anhand der Prüfziffer verifiziert, ob nur eine gültige IBAN in das eigene System übernommen wird. Im Falle einer fehlerhaften IBAN wird getestet, ob eine entsprechende Fehlermeldung ausgegeben wird. Im Anschluss wird getestet, ob der Auftrag an die jeweilige Bank erfolgreich übermittelt wird. Bei diesem Test steht vor allem auch die Sicherheit im

---

[21] Vgl. o. V., T3N – Digital Pioneers, 2014, Internetquelle.
[22] Vgl. Spillner/Linz, 2012, S. 60 f.
[23] Spillner/Linz, 2012, S. 63.

Vordergrund, also ob zum Beispiel die verschlüsselte Datenübertragung korrekt funktioniert. Nach dem durchgeführten Bankeinzug ist zu testen, dass die Abbuchung in korrekter Höhe erfolgt ist und den Saldo des Kundenkontos richtig fortschreibt.

4.3 Testteam

Das Unternehmen S-W-E ist im angenommenen Szenario sowohl Auftraggeber als auch Beauftragter. Da im Unternehmen alle notwendigen Tester vorhanden sind, muss nicht auf externe Testdienstleister zurückgegriffen werden und die S-W-E testet selbst, allerdings aus Sicht der internen Kunden. Daher ist es notwendig, auf die trainierten Testspezialisten aus Kapitel 3.3 zu setzen, da diese aus der Perspektive der zukünftigen Kunden das Gesamtsystem wahrnehmen und testen können. Das Testteam erweitert sich jedoch auch um IT-Spezialisten, welche sich auf andere Aspekte fokussieren. Denn *„Besonders beim Systemtest ist es oft notwendig, die Testmannschaft durch weitere IT-Spezialisten zu ergänzen, die zumindest zeitweise zuarbeiten.“* [24] Durch diese wird die Sicherheit und Performance des Gesamtsystems überprüft.

---

[24] Spillner/Linz, 2012, S. 177.

5 Abnahmetest

5.1 Inhalt und Bedeutung

Die letzte Überprüfung findet mit dem Abnahmetest statt. Hierbei steht die Zielgruppe der Softwareentwicklung im Fokus, der Kunde. Bevor die Software freigegeben und in die Produktivumgebung gesetzt werden kann, testet der Kunde ob die Software reale Anforderungen erfüllt und ob diese auch vollständig den Entwicklungsspezifikationen entsprechen. Die Software muss also die Akzeptanz des Kunden erreichen, der Abnahmetest wird daher auch Akzeptanztest genannt. Durch die kundeneigene Testung kann die Transparenz zwischen der Software und den späteren Softwarebenutzern erhöht werden. Für die Entwickler ist der Abnahmetest eine Möglichkeit, die Anforderungen validieren zu lassen.[25]

Der Abnahmetest liefert rechtlich hierbei die Basis für die Entscheidung, ob die erstellte Software allen vertraglichen Anforderungen ausreichend genügt. Daher ist es wichtig, bereits in sehr frühen Phasen der Softwareentwicklung die Anforderungen an die Software klar und verbindlich zu dokumentieren, damit es im Rahmen der letzten Teststufe, dem Abnahmetest, möglichst zu keinen Unstimmigkeiten mehr kommen kann.[26] Obwohl beim Systemtest sowie beim Abnahmetest das Gesamtsystem jeweils vollständig betrachtet wird, haben dennoch beide Testverfahren unterschiedliche Schwerpunkte. Durch folgende Grafik wird die unterschiedliche Gewichtung des Aufwandes der beiden Teststufen dargestellt.[27]

	System-Test	Abnahme-Test
Funktionalität	++++	+++
Sicherheit	+++++	++
Ext.Schnittst.	+++++	+
Robustheit	+++++	
Effizienz	+++++	+++
Akzeptanz		++++

Abbildung 3: Gegenüberstellung System- und Abnahmetest
(Quelle: Schramek, Alexander (2005): Akzeptanz- / Abnahme-Tests, in: Quality Knowledge Letter, https://www.software-quality-lab.com/fileadmin/files/Dokumente/Previews/KnowledgeLetterPreview/SWQL-KnowledgeLetter010-Testspezifikation-und-Abnahmetest_prev.pdf (Zugriff am 01.10.2020))

---

[25] Vgl. Rouse, o. J., Internetquelle.
[26] Vgl. Wirtz, 2016, Internetquelle.
[27] Vgl. Schramek, 2005, Internetquelle.

5.2 Praxisszenario S-W-E

Im angenommenen Praxisszenario der S-W-E wird die Benutzerfreundlichkeit als exemplarischer Bestandteil einer nicht-funktionalen Anforderung von einem zukünftigen Benutzer getestet. Ziel ist es sicherzustellen, dass die Oberfläche der Software ein effizientes Arbeiten gewährleistet. Die Benutzerfreundlichkeit ist für den späteren Kunden von großer Bedeutung. *„Eine schlechte Benutzerfreundlichkeit führt zu negativen Erfahrungen beim Nutzer, sodass diese Website/Software in Zukunft vermieden wird."[28]* Hier wird geprüft, ob die Listen aller Bestellungen und der aktuelle Bestell- und Bezahlstatus einheitlich gestaltet und gut lesbar sind in Form und Sprachstil. Kann der Kunde klar erkennen, welche Bestellungen noch anliegen und wie hoch die offenen Posten sind? Im Falle von Fehlermeldungen ist es wichtig, dass sie verständlich sind. Die Navigation muss schnell verständlich und nachvollziehbar sein. Grundsätzlich muss das Layout alle Kundenanforderungen erfüllen.

5.3 Testteam

Beim Abnahmetest kommt es auf die Tester an, für die die Software entwickelt worden ist. *„Es werden also nicht irgendwelche Anwender ausgesucht, sondern solche Nutzer, die tatsächlich später mit der Software arbeiten werden."[29]* Daher bilden die späteren Anwender auf der Stufe des Abnahmetests das Testteam. Jedoch dürfen die Anwender als Tester nicht allein gelassen werden. Wenn die Tester einen Fehler aufdecken, so muss dies auch an die Entwickler kommuniziert werden, hierbei kann die Problematik entstehen, dass die Anwender und die Entwickler aneinander vorbeireden. *„Meistens versteht die eine Seite die andere Seite nicht und umgekehrt. Es scheint so, als würden sie verschiedene Sprachen sprechen."[30]* Hier könnten zum Beispiel die Fachtester, welche bereits beim Systemtest involviert waren, zwischen den Anwendern und den Entwicklern vermitteln, da diese beide Sicht- und Denkweisen verstehen können.

---

[28] o.V., 2019, Internetquelle.
[29] Augsten, 2020, Internetquelle.
[30] Danner, 2017, Internetquelle.

6 Zusammenfassung der wichtigsten Ergebnisse

Das Ziel der vorliegenden Arbeit war es, die Stufen der Testdurchführung zu beleuchten. Aufgrund des beschränkten Umfangs dieser Arbeit konnten die verschiedenen Teststufen jedoch nur ansatzweise betrachtet werden. Zusammenfassend lässt sich sagen, dass die einzelnen Teststufen zwingend notwendig sind, obwohl dadurch ein erheblicher Mehraufwand entsteht. Zu jeder Stufe der Softwareentwicklung gibt es eine passende Teststufe, deren Ziel auf die jeweilige Situation angepasst ist. Vor allem ist es entscheidend, bereits früh mit dem Testen zu starten und potenzielle Fehler möglichst früh zu erkennen. Wie in Kapitel 1.2 beschrieben, ist die Fehlerkorrektur leichter und kostengünstiger, je früher der Fehler gefunden wird. Das Testen ist ein fester Bestandteil der Qualitätssicherung, und langfristig zahlt sich eine gute Softwarequalität aus. Denn tatsächlich ist die „[...] Qualität der Software zum entscheidenden Faktor für den Erfolg von Produkten oder Unternehmen geworden."[31] Daher sollte das Testen nicht als Aufwand gesehen werden, sondern als Chance zur Qualitätssicherung.

---

[31] Spillner/Linz, 2012, S. 1.

7 Ausblick

Wie einleitend beschrieben ist Software in unserem Alltag allgegenwärtig. *„Nahezu jedes komplexere Produkt ist heute softwaregesteuert."*[32] Es ist anzunehmen, dass sich dieser Trend durch die Digitalisierung weiter fortsetzen wird. Dadurch wird auch die Bedeutung der Software sowie deren Qualität immer entscheidender. Vor allem in Bereichen, in denen durch fehlerhafte Software ernstzunehmende Gefahren drohen, kann davon ausgegangen werden, dass es zukünftig auch mehr politische Vorgaben geben wird. *„Als Folge werden Testverfahren, die heute in der Softwareindustrie als nützlich, aber optional angesehen werden, gesetzlich vorgeschrieben".*[33]

Aufbauend auf den genannten Erkenntnissen lässt sich der Trend erkennen, dass das Testen von Software sowie die damit einhergehende Qualität zukünftig immer wichtiger werden. Meiner persönlichen Auffassung nach ist es essenziell für Unternehmen, auch in Zukunft im Bereich des Softwaretests nicht halbherzig zu arbeiten, sondern die Tests bestmöglich durchzuführen, frei nach dem Zitat von Louis Armstrong *„Tue nie etwas halb, sonst verlierst du mehr, als du je wieder einholen kannst."*[34]

---

[32] Spillner/Winter/Pietschker, 2018, S. 48.
[33] Spillner/Winter/Pietschker, 2018, S. 54.
[34] o. V., Zitate Online, o. J., Internetquelle.

Abbildungsverzeichnis

I

Literaturverzeichnis

Schneider, Kurt (2012): Abenteuer Software Qualität – Grundlagen und Verfahren für Qualitätssicherung und Qualitätsmanagement, 2. überarbeitete und erweiterte Auflage, Heidelberg: dpunkt Verlag.

Spillner, Andreas/Linz, Tilo (2012): Basiswissen Softwaretest – Aus- und Weiterbildung zum Certified Tester, Heidelberg: dpunkt Verlag.

Spillner, Andreas/Winter, Mario/Pietschker, Andrej (2018): Test, Analyse und Verifikation von Software – gestern, heute, morgen, 1. Auflage, Heidelberg: dpunkt Verlag.

Thaller, Georg Erwin (2002): Software-Test – Verifikation und Validation, 2. aktualisierte und erweiterte Auflage, Hannover: Heise Verlag.

Internetquellen

Augsten, Stephan (2020): Was ist ein Akzeptanztest, in: DEV INSIDER, https://www.dev-insider.de/was-ist-ein-akzeptanztest-a-935131/ (Zugriff am 01.10.2020)

Danner, Anika (2017): Muss ich eine andere Sprache lernen, wenn ich mit Entwicklern arbeite?, in: isento, https://isento.de/blog/muss-ich-eine-andere-sprache-lernen-wenn-ich-mit-entwicklern-zu-tun-habe/ (Zugriff am 01.10.2020)

Kummerländer, Manuel (2011): Integrationstests: Strategien und Herausforderungen, in: Seibert Media Weblog, https://blog.seibert-media.net/blog/2011/10/05/integrationstests-strategien-herausforderungen/ (Zugriff am 27.09.2020)

o. V. (2014): Software-Testing: In 4 Schritten zum besseren Software-Entwickler, in: T3N – Digital Pioneers, https://t3n.de/news/software-testing-unit-tests-556167/ (Zugriff am 27.09.2020)

o. V. (2019): Was macht eine Software benutzerfreundlich?, https://www.reviso.com/de/blog/was-macht-eine-software-benutzerfreundlich/ (Zugriff am 03.10.2020)

o. V. (2020): Was ist das V-Modell?, in: Digital Guide Ionos, https://www.ionos.de/digitalguide/websites/web-entwicklung/v-modell/ (Zugriff am 29.09.2020)

o. V. (o. J.): Zitate – Sprüche – Künstler & Literaten, in: Zitate Online, https://www.zitate-online.de/sprueche/kuenstler-literaten/1160/tue-nie-etwas-halb-sonst-verlierst-du-mehr.html (Zugriff am 28.09.2020)

o. V. (o. J.): Test, in: Duden, https://www.duden.de/rechtschreibung/Test (Zugriff am 21.09.2020)

o. V. (o. J.): Testkonzept – Teststufe Modultest, in: Hettwer Unternehmensberatung, https://www.hettwer-beratung.de/konzepte/testkonzept/teststufe-modultest/ (Zugriff am 26.09.2020)

o. V. (o. J.): Quotable Quote, in: goodreads, https://www.goodreads.com/quotes/506689-program-testing-can-be-used-to-show-the-presence-of (Zugriff am 01.10.2020)

Rouse, Margaret (o. J.): Akzeptanztest (User Acceptance Testing, UAT), in: Tech Target, https://whatis.techtarget.com/de/definition/Akzeptanztest-User-Acceptance-Testing-UAT (Zugriff am 30.09.2020)

Schramek, Alexander (2005): Akzeptanz- / Abnahme-Tests, in: Quality Knowledge Letter, https://www.software-quality-lab.com/fileadmin/files/Dokumente/Previews/KnowledgeLetterPreview/SWQL-KnowledgeLetter010-Testspezifikation-und-Abnahmetest_prev.pdf (Zugriff am 01.10.2020)

Wirtz, Guido (2016): Akzeptanztest, in: Enzyklopädie der Wirtschaftsinformatik – Online-Lexikon, https://www.enzyklopaedie-der-wirtschaftsinformatik.de/lexikon/is-management/Systementwicklung/Hauptaktivitaten-der-Systementwicklung/Software-Implementierung/Testen-von-Software/Akzeptanztest/index.html (Zugriff am 30.09.2020)

Wirtz, Guido (2016): Modultest, in: Enzyklopädie der Wirtschaftsinformatik – Online-Lexikon, https://www.enzyklopaedie-der-wirtschaftsinformatik.de/lexikon/is-management/Systementwicklung/Hauptaktivitaten-der-Systementwicklung/Software-Implementierung/Testen-von-Software/Modultest/index.html (Zugriff am 26.09.2020)

Wirtz, Guido (2016): Testen von Software, in: Enzyklopädie der Wirtschaftsinformatik – Online-Lexikon, https://www.enzyklopaedie-der-wirtschaftsinformatik.de/lexikon/is-management/Systementwicklung/Hauptaktivitaten-der-Systementwicklung/Software-Implementierung/Testen-von-Software/index.html (Zugriff am 22.09.2020)

BEI GRIN MACHT SICH IHR WISSEN BEZAHLT

- Wir veröffentlichen Ihre Hausarbeit,
  Bachelor- und Masterarbeit

- Ihr eigenes eBook und Buch -
  weltweit in allen wichtigen Shops

- Verdienen Sie an jedem Verkauf

Jetzt bei www.GRIN.com hochladen und kostenlos publizieren